ドイツ語エッセイ

Mein liebes Japan!

Reinhard Zöllner

Inhalt 目次

Einleitung はじめに 004

Wasabi わさび 006

Seriendrama 連ドラ 012

Bambus 竹 018

Anime アニメ 024

Zeigen und Rufen 指差喚呼 030

Tatami 畳 036

Furoshiki 風呂敷 042

Goldene Woche ゴールデンウィーク 048

Überstunden 残業 054

Heimat 故郷 060

Die Pracht-Nelke なでしこ 066

Die Firma 会社 072

Die Mondscheinfeier お月見 078

Shinbō / Ein dickes Fell 辛抱 084

Momiji 紅葉 090

Essstäbchen 箸 096

Kaki 柿 102

Das Lied 歌 108

Reiskuchen お餅 114

Das Geschäftsjahr 年度 120

著者プロフィール 126

＊ドイツ語文中の日本語の単語について：正書法によりドイツ語とされているもの以外はイタリック体で記しています。

Einleitung | はじめに

Mein liebes Japan!

Vor 30 Jahren habe ich Dich kennengelernt. Seitdem habe ich viel über Dich nachgedacht. Viele Deutsche wollen von mir wissen: Wie ist Japan? Was gefällt Dir daran?
Das kann man nicht in einem Satz beantworten. Japan ist groß und bunt und sieht in jeder Jahreszeit anders aus. Deshalb habe ich angefangen, Stichwörter über Japan aufzuschreiben. Eine Auswahl davon findet sich in diesem Büchlein. Es sind meine Lieblingswörter zum Leben in Japan. Ich habe sie nicht systematisch gesammelt. Der Mönch Yoshida Kenkō hätte gesagt: Es sind "Dinge, die mir in den Sinn gekommen sind, aber eigentlich nicht der Rede wert sind."
Ich habe nicht so viel freie Zeit wie Kenkō. Ich kann auch nicht so gut schreiben wie er. Deshalb ist dieses Büchlein so kurz geworden. Aber Kenkō hat geschrieben, dass man sogar in schönen Palästen manche Räume absichtlich unvollendet lässt. Denn das Perfekte ist langweilig.
Langweilig soll dieses Büchlein nicht sein. Es soll lang gerade genug sein, um über Japan ins Gespräch zu kommen. Ich selbst bin noch lange nicht damit fertig, über Japan nachzudenken. Zum Glück.

> Herzlich grüßt
> Dein
> Reinhard Zöllner

拝啓 親愛なる日本へ

　私があなたと知り合ったのは、30年前のことでした。それ以来、私はあなたについて多くのことを考えてきました。私はドイツ人からよく聞かれます。日本ってどうですか。日本の何に惹かれるのですか。

　それにはとても一言では答えられません。日本は大きくて、多彩で、季節ごとに見え方が異なります。ですから私は、日本を説明する上でカギとなる言葉を書き留めることにしました。この冊子に載せたのは、そうして書き溜めたキーワードから選んだものです。それらは日本での生活に関する、私個人のお気に入りの言葉で、体系的に収集したものではありません。兼好法師の言葉を借りれば、「心にうつりゆくよしなしごと」といったようなものです。

　ただ、私は吉田兼好のようには自由になる時間がありません。兼好のような名文家でもありません。ですから、このささやかな本もとても短いものになりました。しかし兼好はこうも書いています。美しい宮殿を造る際にもわざと造り残しをするものだ、と。完璧なものは面白みがないからだというのです。
　面白みがない、この冊子がそう思われては困ります。面白くて、日本について話す時のために、ちょうどいい長さの読み物がいい。この本はそんなふうに考えて書きました。私自身はまだまだ、日本についてあれこれ考えをめぐらすことを終えていません。幸いなことに。

心からの挨拶をこめて
敬具
ラインハルト・ツェルナー

Wasabi

Wasabi ist ein grünes, scharfes Gewürz[1], das in der japanischen Küche gern verwendet wird[2]. Es ist dem Meerrettich[3] entfernt verwandt[4].

Wortschatz

1.das Gewürz 香辛料 2.verwendet wird 用いられる 3.der Meerrettich ホースラディッシュ 4.et[3] verwandt sein 〜と親戚の

わさび

わさびは日本料理に好んで使われる緑色の辛い香辛料です。わさびはホースラディッシュとは違い類縁関係にあります。

Wasabi | わさび

Ein scharfer Kompromiss[1]

Die Wurzeln[2] des Wasabi liegen in den Gebirgstälern[3] Japans. Er wächst[4] dort an Flüssen und Bächen. Seine ungewöhnliche Schärfe[5] genießen[6] die Japaner schon seit alten Zeiten, vor allem zu rohem Fisch und Gemüse. Sie ist sogar[7] sprichwörtlich[8] geworden. Macht jemand eine schneidende[9], scharfe Bemerkung[10], so sagt man auf japanisch: Das Wasabi hat gewirkt.

Bis ungefähr[11] vor einem Vierteljahrhundert[12] war es außerhalb[13] Ostasiens kaum bekannt. Heute ist das anders. Überall auf der Welt gibt es Wasabi-Produkte. Mit Seetang[14], Erdnüssen, Erbsen, Käse, Kartoffelchips, ja sogar Eiscreme und Schokolade.

ぴりっと辛い折衷風味

　わさびは日本の山深い谷に根を張り、渓流や小川の中で育ちます。その並外れた辛みを、日本人は古くから生の魚や野菜に添えるなどして賞玩してきました。「わさび」は慣用句にもなっており、たとえば誰かが辛辣（しんらつ）な、手厳しい発言をしたときに、日本語では「わさびが利いている」と言います。

　25年くらい前まで、わさびは東アジア以外ではほとんど知られていませんでした。しかし、今は違います。わさび入り製品は世界中で売られています。わさび味の海苔、ピーナッツ、えんどう豆、チーズ、ポテトチップス、果てはわさびアイスクリームやチョコレートまであります。

Wortschatz
1.der Kompromiss 妥協,歩み寄り　2.die Wurzel, -n 根
3.das Gebirgstal,-täler 山間の谷　4.wächst < wachsen 育つ
5.die Schärfe 辛さ　6.genießen 味わう　7.sogar それどころか　8.sprichwörtlich 慣用句のような　9.schneidend 辛辣な
10.die Bemerkung コメント　11.ungefähr およそ　12.ein Vierteljahrhundert 四半世紀　13.außerhalb 〜の外で
14.der Seetang 海藻

Wasabi | わさび

Es ist ein internationales Phänomen[15] geworden. Leider ist daran nicht alles echt[16]. Viele Produkte, die in Europa unter dem Namen „Wasabi" verkauft werden, enthalten[17] nämlich tatsächlich[18] kein oder nur ein bisschen Wasabi. Der Rest ist häufig Senf[19] und grüne Farbe.

Auch hier zeigt sich also: Wenn man etwas aus der Hand gibt, gerät es leicht außer Kontrolle[20]. Wenn ich als Deutscher in Japan Baumkuchen oder Würstchen esse, mache ich dieselbe[21] Erfahrung[22]. Und Inder wundern sich sicher, wie japanischer Curry schmeckt. Aber das ist kein Grund[23], das Beste, was wir in unseren Kulturen haben, vor den anderen zu verstecken[24]. Kompromisse gehören zum Leben. Auch in der Küche.

わさびは今やほとんど世界的現象になっています。ただ、残念ながら全部が本物のわさび入りではありません。というのも、ヨーロッパで「わさび」の名前で売られている製品の多くは、実は全くわさびが入っていないか、入っていてもほんの少しで残りはマスタードと緑の着色料であることが多いのです。

わさびの例からわかること、それは何でもいったん本家本元の手を離れてしまうと、あっという間に似ても似つかぬものに変わってしまいがちだということです。私もドイツ人として日本でバウムクーヘンやソーセージを口にするとき、同じ思いをすることがあります。インド人も日本のカレーの味にきっとびっくりでしょう。だからといって、自国文化の中の特に優れたものごとを、他の文化から隠すべきだというのではありません。人生に歩み寄りは付き物。食の世界も同じです。

Wortschatz

15.das Phänomen 現象 16.echt 本物の 17.enthalten 含有する 18.tatsächlich 実際には 19.der Senf からし 20. gerät (<geraten) außer Kontrolle チェックが効かなくなる 21.dieselbe 同じこと 22.die Erfahrung 経験 23.der Grund 理由 24.vor … verstecken 〜から隠す

Seriendrama

Mit *terebi dorama* oder kurz *dorama* bezeichnen[1] die Japaner Fernsehserien[2] mit dramatischem Inhalt. Sie gehören zu den beliebtesten[3] Inhalten des japanischen Fernsehens. Auch international sind sie jetzt sehr populär.

Wortschatz
1.mit et³ bezeichnen 〜と表す 2.die Fernsehserie, -n テレビのシリーズもの 3.beliebtest (<beliebt) 最も人気のある

連ドラ

さまざまな人間模様を描く内容の連続テレビ番組を、日本人は「テレビドラマ」、または略して「ドラマ」と呼びます。ドラマは日本のテレビ番組の中で最も人気の高いコンテンツの一つであり、今や国際的にも高い人気を得ています。

Seriendrama | 連ドラ

Bis hierhin

„Heute Abend möchte ich hier aufhören[1]", sagte die freundliche Nonne[2] und verneigte sich[3] tief. Wakao Ayako spielte 1988 die Rolle der Mutter von Takeda Shingen. Es war das Seriendrama[4], das NHK 1988 ausstrahlte[5]. Am Ende jeder Folge musste Wakao diesen Satz sprechen. Dann wussten[6] alle Zuschauer[7]: Das war's für heute, und freuten sich auf die nächste Sendung. Der Satz wurde damals zur beliebten Redewendung[8] im Japanischen.

Für mich war „Takeda Shingen" das erste Seriendrama, das ich vollständig[9] gesehen habe. NHK hatte bereits 25 Jahre zuvor damit begonnen[10], jedes Jahr ein „Strom-Drama" zu produzieren. Meist sind die Vorlagen[11] populäre historische Romane.

今宵はここまでに…

「今宵はここまでにいたしとうござりまする」。もの柔らかな尼僧はそう言うと、深々とお辞儀をしました。若尾文子が1988年に武田信玄の母役を演じたときのことです。これは1988年にNHKが放映した連続ドラマのひとコマで、若尾文子は毎回番組の最後をこのセリフで締めくくるのがお決まりでした。これを聞くと視聴者は皆、「今日はこれで終わりか。次の放送が楽しみだ」と思ったものです。このセリフは当時、日本語の流行語になりました。

　私にとって『武田信玄』は、全編を通して見た初めての連続ドラマでした。NHKが毎年一作の「大河ドラマ」制作を開始したのは、その25年前のことでした。大河ドラマの多くは人気歴史小説を原作にしています。

Wortschatz
1.auf|hören 終わりにする　2.die Nonne 尼僧　3.sich verneigen お辞儀をする　4.das Seriendrama 連続ドラマ　5.aus|strahlen 放送する　6.wussten<wissen 知っていた　7.der Zuschauer, - 視聴者　8.die Redewendung 決まり文句　9.vollständig 通して　10.damit begonnen (<mit et³ beginnen) 〜を始めた　11.die Vorlage, -n 原作

Seriendrama | 連ドラ

Den Inhalt dieser Serien kennen also die meisten Japaner schon vor ihrer Ausstrahlung ganz gut. Trotzdem sitzen Woche für Woche ganze Familien vor dem Fernseher, fast wie[12] bei einem Ritual[13]. Inzwischen[14] ist dieses Modell in vielen Ländern beliebt. Auch junge Deutsche interessieren sich sehr dafür. Dabei kennen sie die literarischen Vorlagen oft nicht. Eines der ersten in Deutschland erfolgreichen Fernsehdramen war 1980 „Die Rebellen vom Liang Shan Po[15]". Ich war als Jugendlicher davon fasziniert[16]. Erst später[17] habe ich bemerkt, dass es gar nicht in China gedreht wurde[18]. Der angebliche[19] Palast des chinesischen Kaisers war in Wirklichkeit das Konfuzius[20]-Heiligtum[21] *Yushima Seidō* in Tokyo. Und die Schurken[22] fluchen[23] auch im deutschen Fernsehen auf Japanisch.

つまり、大河ドラマの内容をたいていの日本人は放映前からよく知っているわけです。それでも、毎週毎週、ほとんど恒例行事のように、テレビの前に家族全員が集まって番組を見るのです。

今ではこうした形式のドラマは多くの国で人気を得ています。若いドイツ人も大いに関心を持っていますが、原作の文芸作品は知らないことが多いようです。ドイツで成功した初期のテレビドラマの一つは、1980年放映の『梁山泊の叛徒たち（水滸伝）』でした。若かった私もこの番組に夢中になりましたが、この番組が中国で撮影されたものではないことに気づいたのは、ずっと後のことでした。中国皇帝の宮殿とされていたのは、実は東京の孔子廟・湯島聖堂でした。そして、悪漢たちはドイツのテレビでも日本語で悪態をついていたのです。

Wortschatz
12. fast wie ほとんど〜のよう　13. das Ritual 儀式　14. inzwischen 今では　15. „Die Rebellen vom Liang Shan Po" 「水滸伝」　16. war davon fasziniert (< von ... fasziniert sein) 〜に魅了された　17. erst später 後になって初めて　18. gedreht wurde 撮影された　19. angeblich … 〜とされている　20. Konfuzius 孔子　21. das Heiligtum 聖なる場所　22. der Schurke, -n 悪党　23. fluchen ののしる

Bambus

Bambus[1] ist eine vielseitig[2] nutzbare[3] Pflanzenfamilie[4]. In Japan unterscheidet man zwischen[5] hochwüchsigem[6] Bambus (*take*) und flachwüchsigem Bambus (*sasa*).

Wortschatz

1.der Bambus タケ　2.vielseitig 多様に　3.nutzbar 利用できる　4.die Pflanzenfamilie 植物分類上の「科」　5.zwischen A und B unterscheiden AとBを区別する　6.hochwüchsig 背が高くなる↔flachwüchsig 横に広がる

竹

タケ類は用途の広い植物種です。日本では成長して背が高くなる竹と、広がって生える笹を区別します。

Bambus | 竹

Vor allem der Bambushain[1] gefällt mir ...

Wer jemals den Actionfilm „House of Flying Daggers" von Zhang Yimou mit Kaneshiro Takeshi in der Hauptrolle gesehen hat, weiß, wie viele Farben Bambus annehmen[2] kann. Der Höhepunkt[3] dieses Films ist eine völlig in Grüntönen gedrehte[4] Kampfszene[5] in einem Bambusgehölz[6]. Es gibt für die Augen kaum etwas Schöneres, als im Sommer durch einen Bambushain zu gehen und das Meer von Grüntönen auf sich wirken[7] zu lassen.

Ich war von Anfang an in die japanischen Bambushaine verliebt[8]. Noch heute schützen sie viele Bauernhöfe vor[9] dem Wind. Außerdem bieten[10] sie Bauholz und Brennstoff. Ihre Sprossen[11] kann man essen.

「とくに竹やぶがイイ…」

　張 芸謀（チャン・イーモウ）監督、金城武主演のアクション映画『LOVERS』を見たことのある方ならわかると思いますが、竹には実にさまざまな色調があります。クライマックスは竹林の中での戦いのシーンで、緑一色の画面の中で繰り広げられます。夏に竹林の中を歩きながら翠緑色の海に身も心も浸りきる、これほど目に快いことはありません。

　私は日本の竹林にすぐにほれ込みました。竹林は今も防風林として農家を守っています。その上、竹は建材や燃料も提供してくれますし、タケノコは食用になります。

Wortschatz
1.der Bambushain, -e 竹林　2.an|nehmen （色調などを）帯びる　3.der Höhepunkt クライマックス　4.gedreht 撮影された　5.die Kampfszene 戦いのシーン　6.das Bambusgehölz 竹やぶ　7.wirken 作用する　8.in ... verliebt ～にほれ込んだ　9.et⁴ vor et³ schützen ～を～から守る　10.bieten 提供する　11.der Spross, -en 新芽

Bambus | 竹

In den Landschaftsgärten[12] wirkt der dumpfe[13] Klang[14] hohler[15] Bambusrohre, die als Wasserleitungen[16] dienen, wie eine natürliche Melodie im Hintergrund. Der intensive Duft von Bambus verleiht Kellen, Eimern, Matten und vielen anderen Geräten eine zusätzliche ästhetische Wirkung. Bambus beruhigt[17] die Nerven.

Bambus gehört zu Ostasien. In meinem Berliner Garten will er leider nicht richtig gedeihen. Deshalb werde ich immer wehmütig[18], wenn ich mir den niedlichen Anime „Panda Kopanda" ansehe. Dort findet Vater Panda – wie ich nur ein Gast in Japan – Gefallen an[19] dem Haus der kleinen Mimiko. Es steht in einem Bambushain – und „vor allem der Bambushain gefällt mir", wie er mehrmals betont[20]. Ich habe das auswendig gelernt[21]. Weil es auch auf mich zutrifft[22].

日本庭園では、水を流すのに使われる竹筒のししおとしの鈍い音色が、風景の中の自然のメロディーのように響きわたります。竹の強い香りは、杓、桶、すのこをはじめ数多くの道具に美的効果を添えています。竹は心を落ち着かせるのです。

竹は東アジアの植物です。残念ながらベルリンの我が家の庭では、どうやってみてもちゃんと育ちません。ですから、かわいいアニメ『パンダコパンダ*』を見るといつも切なくなるのです。『パンダコパンダ』の父さんパンダ(パパンダ)は —— 私と同じく客人として日本にやってきて —— 小さなミミ子の家が気に入ってしまいます。ミミ子の家は竹林の中にあるのです——「とくに竹やぶがイイ…」とパパンダが何度も強調しているように。私はこのセリフを暗記してしまいました。竹が好き、これは私も同じなので。

* 1972年公開のアニメーション映画(脚本宮崎駿、演出高畑勲)。
竹やぶのある家に暮らす女の子とパンダの親子の物語。

Wortschatz

12.der Landschaftsgarten, -gärten 庭園　13.dumpf 鈍い　14.der Klang 響き　15.hohl 空洞の　16.die Wasserleitung, -en 水道　17.beruhigen 心を落ちつかせる　18.die wehmütig 物悲しい　19.an et^3 Gefallen finden 〜が気に入る　20.betonen 強調する　21.auswendig lernen 暗記する　22.auf ... zutreffen 〜にあてはまる

Anime

Anime sind japanische Zeichentrickfilme[1]. Sie sind weltweit[2] beliebt[3] – vor allem bei jungen Leuten. Sie sind ein wichtiges[4] kulturelles Exportprodukt.

Wortschatz

1. der Zeichentrickfilm ,-e アニメーション映画   2. **weltweit** 世界的に   3. **beliebt** 好まれている   4. **wichtig** 重要な

アニメ

"Anime" は日本のマンガ映画のことです。アニメは若者を中心に世界中で人気があります。アニメは重要な文化輸出品の一つなのです。

Anime | アニメ

Japans gefährliche[1] Bilder?

Neulich war ich in Berlin beim Arzt. Im Wartezimmer lief[2] ein Fernseher. Er zeigte eine Folge[3] von „Heidi". Die meisten deutschen Kinder wissen nicht, dass dies ein japanischer Anime ist. Sie lieben diese Figuren[4] mit den kullerrunden[5] Augen genauso wie die japanischen Kinder.

Es hat aber lange Zeit gedauert, bis sich Anime weltweit durchsetzten[6]. Als ich vor 40 Jahren noch Grundschüler[7] war, lief im deutschen Fernsehen ein japanischer Anime. Genau drei Folgen lang. Dann musste die Serie abgesetzt werden[8], weil sich deutsche Eltern beschwerten[9], sie sei[10] zu grausam[11].

日本のアニメは危険?

　先日、私がベルリンで医者に行くと、待合室ではテレビが流れており、『ハイジ』の番組をやっていました。ほとんどのドイツの子どもたちは、これが日本のアニメだとは知りません。でもクリクリの大きな目をした登場人物を、ドイツの子どもたちも日本の子どもたちに負けないくらい大好きです。

　アニメが世界的に人気を獲得するまでには長い時間がかかりました。40年前、私がまだ小学生だったころ、ドイツのテレビである日本のアニメが放映されたことがありました。ところが、きっかり3話分放映されたところで、残酷すぎるとドイツ人の親が苦情を言ったため、そのシリーズ*はそれきり打ち切りを余儀なくされてしまいました。

* 『マッハ GoGoGo』(1967年)。ドイツでは『Speed Racer』のタイトルで放送。その後、このアニメは対象年齢6歳以上に指定され見られるようになった。

Wortschatz

1.gefährlich 危険な　2.lief (< laufen)(ここでは)流れている
3.die Folge シリーズ　4.die Figur, -en 登場人物　5.kullerrund まん丸な　6.sich ... durch|setzen (世の中に)認められる
7.der Grundschüler 小学生　8.abgesetzt werden 中止される
9.sich beschweren (< beschweren) 苦情を言った　10.sei ～ とのことである (seinの接続法第Ⅰ式間接話法)　11.grausam 残酷な

Anime | ア＝メ

Als ich 25 Jahre später meine Tochter in demselben Alter[12] bei den Berliner Filmfestspielen zur Aufführung[13] von „Prinzessin Mononoke" mitnehmen wollte, ließ man uns nicht ins Kino. Der Film sei grausam und nicht für Kinder geeignet[14] ... Ehrlich gesagt[15]: Manches[16] deutsche Kindermärchen ist grausamer als solche Anime. Wahrscheinlich störte[17] das niemand, weil man in Deutschland an Märchen und ihre Sprache gewöhnt ist[18]. Anime waren uns noch fremd, weshalb[19] man sie nicht richtig verstand[20]. Heute haben wir uns daran gewöhnt[21] und wissen, dass die Kinderwelt mit all den Heidis, Doraemons und Totoros viel schöner aussieht als ohne.

それから25年後、当時の私と同じ年齢の娘をベルリン国際映画祭での『もののけ姫』の上映に連れて行こうとしたところ、映画館に入れてもらえませんでした。この映画は残酷で子どもに見せるには適していない、というのです…。

正直言って、ドイツの子ども向けグリム童話には、こうしたアニメなどよりずっと残酷な話がたくさんあります。でもそのことを誰も気にかけないのは、多分ドイツ人がグリム童話とその言葉に慣れ親しんでいるためでしょう。アニメはドイツ人にとってまだ見慣れぬものだった、だから正しく理解されなかったのです。今日ではドイツ人もアニメに慣れ、ハイジやドラえもんやトトロといったキャラクターたちのいる子どもの世界の方が、彼らがいない世界に比べてずっと楽しいということを知っています。

Wortschatz
12.in demselben Alter 同年齢の 13.die Aufführung 上映 14.für ... geeignet ～向きである 15.ehrlich gesagt 正直言って 16.manch 少なからずの 17.stören 不快感を与える 18. an et^4 gewöhnt sein ～に慣れている 19.weshalb それゆえに 20.verstand (< verstehen) 理解した 21.haben uns daran gewöhnt それに慣れた

Zeigen und Rufen

"Zeigen und Rufen[1]" bezeichnet[2] eine japanische Technik, um Sicherheit[3] am Arbeitsplatz zu erreichen[4]. Sie wird bei Routinearbeiten eingesetzt[5]. Es gibt dafür auch andere Namen wie „mit dem Zeigefinger[6] bestätigen[7]" (*yubisashi kakunin*).

Wortschatz

1.das Zeigen, das Rufen 動詞 zeigen「指し示す」rufen「呼ぶ」の名詞化 2.bezeichnen 表す 3.die Sicherheit 安全 4.erreichen 達成する 5.wird ... eingesetzt 組み入れられる 6. der Zeigefinger 人差し指 7.bestätigen 確認する

指差喚呼

「指差喚呼(しさかんこ)」は、日本で編み出された職場の安全確保のための技術で、ルーティンワークの際に実践されています。
「指差し確認」など他の名称で呼ばれることもあります。

Zeigen und Rufen | 指差喚呼

Sicherheit und Vertrauen

Ich fahre sehr gern mit der Eisenbahn¹. Sie ist das Verkehrsmittel², dem ich am meisten vertraue. Am liebsten ist mir die Eisenbahn in Japan. Sie ist meistens pünktlich und zuverlässig³. Das liegt daran, dass⁴ Maschinen und Menschen präzise⁵ arbeiten. Den Schaffnern kann man bei der Arbeit zusehen. Das sieht in Japan anders aus als in Deutschland. Nicht nur, weil sie die Mütze ziehen⁶ und sich verbeugen⁷, bevor sie die Karten kontrollieren.
Seit dem frühen 20. Jh. bewegt sich das japanische Zugpersonal⁸ nämlich nach⁹ einem festen Muster¹⁰. Bei der Zugabfertigung¹¹ begleiten¹² sie ihre Arbeit mit auffälligen¹³ Gesten¹⁴.

安全と信頼

　私は電車が好きでよく乗りますが、鉄道は何より信頼のおける交通機関だと思います。中でも私が一番気に入っているのは日本の鉄道です。日本の鉄道は大体いつも定刻に来るし、確実です。それは機械と人間が正確に働いているからでしょう。車掌さんの仕事ぶりは私たちも目にすることができますが、日本ではドイツとは様子が違います。検札の前に帽子を取って一礼するところばかりが違うのではありません。

　20世紀のはじめから、実は日本の乗務員はある決まった型に沿った動作をしているのです。発車の際には、乗務員が人目を引く身振りをしながら業務をこなす姿が見られます。

Wortschatz
1.die Eisenbahn 鉄道　2.das Verkehrsmittel 交通機関
3. zuverlässig 信頼できる　4.Das liegt daran, dass ... そのわけは～である　5.präzise 正確に　6.die Mütze ziehen 帽子を取る
7.sich verbeugen おじぎする　8.das Zugpersonal 鉄道職員
9.sich nach et^3 bewegen ～に従って動く　10.das Muster ひな型　11.die Zugabfertigung 発車準備　12.begleiten 一緒にやる　13.auffällig 目立つ　14. die Geste, -n 動作

Zeigen und Rufen | 指差喚呼

Sie strecken z.B. ihren Arm aus[15] und kontrollieren mit dem Zeigefinger, ob der Bahnsteig frei ist und ob die Türen geschlossen sind. Jeden Handgriff sprechen sie auch laut aus. Das wirkt, als seien sie[16] Automaten. Aber man hat herausgefunden[17], dass es die Sicherheit erhöht[18], wenn man Routinearbeiten mit auffälligen Gesten und lauten Rufen verbindet. Man konzentriert sich[19] dann besser. Man macht weniger Fehler[20]. Die Bewegungen gehen in Fleisch und Blut über[21], aber man merkt trotzdem, was man tut.

Dieses System des Zeigens und Rufens gehört in Japan auch in anderen Berufen zum Sicherheitstraining. Beim Zugpersonal oder bei Busfahrern fällt es besonders auf[22], weil es öffentlich ist. Bei mir weckt[23] diese Professionalität Vertrauen. Mit Menschen, die mit ihrer Arbeit so gut vertraut sind[24], komme ich bestimmt ans Ziel.

例えば、腕を伸ばし、ホーム上に人がいないか、ドアが閉まっているかを人差し指で確認するといった具合です。そして指差し動作の度に同時に大きな声で何かを言います。その様子は自動人形を思わせます。しかし、このようにルーティンワークでも、その際に大きな身振りをしながら大声で確認すると、安全性の向上につながることがわかっています。こうすることで集中力が高まり、ミスが少なくなるのです。動作は無意識のうちにできるほどすっかり板についているのですが、そうすることでかえって作業内容を意識できるのです。

　この指差喚呼システムは、日本では他の職場でも労働安全訓練に採用されています。鉄道乗務員やバスの運転手の場合は指差喚呼が公の場で行われるので特に目につきますが、こうしたプロの仕事ぶりを見ると私は信頼感を覚えるのです。自分の仕事にあれほど精通している人たちが付いているのだから、間違いなく目的地に連れて行ってくれるに違いない、と。

Wortschatz
15. aus|strecken 伸ばす　16. als seien sie ... まるで〜のように
17. hat herausgefunden (<heraus|finden) 発見した
18. erhöhen 高める　19. sich konzentrieren 集中する　20. der Fehler ミス　21. in Fleisch und Blut über|gehen すっかり身につく　22. fällt ... auf (< auf|fallen) 目に付く　23. wecken 呼び起こす　24. vertraut sein 習熟している

Tatami

Tatami sind Matten, die auf den Fußboden[1] gelegt werden[2]. Man braucht dann keinen Teppich mehr. Sie bestehen aus[3] geflochtenem Schilf[4] und Reisstroh[5]. Ihre Form ist rechteckig. Sie sind in der Regel ca. 180 cm lang und 90 cm breit. Man darf sie nicht mit Schuhen betreten[6]. Wenn sie alt werden, tauscht man sie gegen neue aus[7], die angenehm nach frischem Stroh riechen[8].

Wortschatz

1.der Fußboden 床 2.gelegt werden 置かれる 3.aus et³ bestehen ～から成る 4.das Schilf（ここでは）イグサ 5.das Reisstroh 稲わら 6.betreten ～の上を歩く 7.gegen et⁴ aus|-tauschen ～と交換する 8.nach et³ riechen ～の匂いがする

畳

畳は床に敷くマットです。畳があればじゅうたんは必要ありません。畳は織ったイグサとわらからできています。形は長方形、大きさは通常長さ約180cm、幅約90cmです。靴を履いたまま畳に上がってはいけません。古くなった畳は、新鮮なイグサの香りのする新しい畳と交換します。

Tatami | 畳

Meine Tatamisierung

Wenn ein Ausländer lange Zeit in Japan lebt und sich an die japanischen Gewohnheiten[1] anpasst[2], nennt man dies scherzhaft[3] Tatamisierung. Denn für viele Ausländer sind die Tatami oder Strohmatten der Inbegriff[4] des japanischen Lebensstils[5]. Man sieht sie in den schönsten Räumen, die japanische Architekten entworfen haben[6]. Man schläft auf ihnen. Man isst und trinkt auf ihnen. Man genießt[7] den Duft[8] von frischen Tatami. Man freut sich an ihrer hellgrünen oder später hellgelben Farbe.
Tatami können aber recht hart sein, jedenfalls[9], wenn man darauf Judo übt. Das habe ich erlebt, als ich das erste Mal in Japan studiert habe:

私の「タタミ化」

　外国人が長い間日本に暮らすうちに日本の習慣に同化することを、ドイツ語ではユーモアを込めて「タタミ化」と言いますが、それは多くの外国人にとって、畳が日本的ライフスタイルそのものだからでしょう。日本の建築家が設計したこの上なく美しい部屋。そしてそこに敷かれた畳。日本人はその上で眠り、飲食をします。新しい畳の香りを楽しみ、その薄緑の(時間とともに薄黄色になる)色彩を喜ぶのです。

　ただし、畳が硬くて困ることもあります。少なくともその上で柔道の練習をする場合には。私がそれを実感したのは最初の日本留学のときでした。

Wortschatz
1.die Gewohnheit, -en 習慣　2.sich an et⁴ anpassen ～に適応する　3.scherzhaft ふざけて　4.der Inbegriff 真に表すもの　5.der Lebensstil ライフスタイル　6.entworfen haben (< entwerfen) 設計した　7.genießen 楽しむ　8.der Duft 香り
9.jedenfalls（ここでは）少なくとも

Der Kōdōkan, wo ich eigentlich trainierte, wurde gerade umgebaut[10]. Deshalb mussten wir im *dōjō* der benachbarten[11] Polizeischule trainieren. Es war Winter. Die Tatami waren eiskalt und ziemlich hart. Ich habe mir viele blaue Flecken[12] geholt[13], weil ich recht schwach war und von meinen Gegnern[14] oft niedergeworfen wurde[15]. Im nächsten Jahr eröffnete der neue Kōdōkan. Dort lagen Tatami aus Kunststoff[16], die natürlich viel weicher und angenehmer zum Fallen sind. Außerdem habe ich mich nicht mehr so oft werfen lassen.

Leider kann man Tatami nicht so leicht ins Ausland mitnehmen. Aber Judo-Matten findet man jetzt überall in der Welt. Das ist auch ein Stück Japan — nur eben aus Kunststoff. Und der riecht viel schlechter[17].

稽古に通っていた講道館の道場が改修されることになり、隣の警察学校の道場で稽古をしたのですが、季節は冬。畳は氷のように冷たく、相当硬かった。私はかなり弱かったので相手にしょっちゅう投げられて、たくさん青あざを作りました。翌年オープンした新しい講道館には合成樹脂の畳が敷いてありました。こちらはもちろんずっと柔らかくて、投げられ心地も格段に良かったです。それに私ももう以前のようにしょっちゅうは相手に投げる隙を与えないようになっていました。

　残念ながら畳は簡単には外国に持って行けません。でも、柔道の畳は今や世界中で目にするようになりました。柔道の畳はいわば日本を具象するモノの一つといえるでしょう。とはいえ、所詮は合成樹脂。匂いも本物には到底かないません。

Wortschatz
10.wurde ... umgebaut (<um|bauen) 建て替えられた
11.benachbart 隣接する　12.blaue Flecken 青あざ　13.habe ... geholt 受けた　14.der Gegner,- 対戦者　15.niedergeworfen wurde 投げ倒された　16.der Kunststoff 合成材
17.schlecht ひどい

Furoshiki

Ein *furoshiki* ist ein quadratisches[1] Tuch. Es wird benutzt, um Sachen darin einzuwickeln[2]. Oft ist es mit schönen Mustern[3] versehen[4].

Wortschatz

1.quadratisch 正方形の 2.ein|wickeln 包む 3.das Muster, - 模様 4.mit et³ versehen sein （この場合）〜があしらわれている

風呂敷

風呂敷は正方形の布で、物を包むのに使われます。風呂敷にはきれいな模様がついているものが多いです。

Furoshiki | 風呂敷

Der unverwüstliche[1] Begleiter[2]

Als ich das erste Mal in Tokyo studierte, wohnte ich in einem klitzekleinen[3] Zimmer. Es war 6 Matten groß, also etwa 10 Quadratmeter. Ein Badezimmer gab es nicht. Um mich zu waschen, wärmte ich deshalb auf meinem Gasherd[4] Wasser auf[5]. Das war ein bisschen unbequem[6].

Regelmäßig[7] ging ich darum in ein Badehaus, um mich gründlich[8] zu waschen. Damals taten[9] das noch viele Familien. Viele brachten ihre Wäsche[10] in *furoshiki* eingewickelt mit[11]. Daher kommt ja auch der Name *furoshiki*, weil man diese Tücher beim Gang zum *furo* mitnahm[12]. Über diese praktische und zugleich[13] schöne Erfindung[14] habe ich sehr gestaunt[15].

タフな道連れ

　私が初めて東京に留学したとき住んでいたのはとても小さな部屋でした。六畳間、つまり10平方メートルくらいで、風呂場はありませんでした。ですから体を洗うのにガスコンロでお湯を温めていましたが、これはちょっと不便でした。

　そこで全身をきれいに洗うため、私は銭湯に通っていました。そのころはまだ銭湯に通う家庭は珍しくなく、着替えを風呂敷に包んで持参する人も多かったのです。もともと風呂敷という名前は、風呂に行く時にこの布を持って行ったことに由来するのですから。この実用的で美しい発明に、私は大いに驚嘆したものです。

Wortschatz
1.unverwüstlich 長もちする　2.der Begleiter 同行者
3.klitzeklein ちっぽけな　4.der Gasherd ガスコンロ
5.wärmte ... auf(<auf|wärmen) 温めた　6.unbequem 不便な
7.regelmäßig 定期的に　8.gründlich 念入りに　9.taten (<tun) した　10.die Wäsche 着替え　11.brachten ... mit (<mit|bringen) 持って来た　12.mitnahm(<mit|nehmen) 持って行った
13.zugleich 同時に　14.die Erfindung 発明　15.über ... habe gestaunt 〜に感服した

Furoshiki | 風呂敷

furoshiki sind viel ästhetischer[16] und vielseitiger[17] als Plastiktüten. Man kann ja sogar Flaschen darin einwickeln.

Meine japanische Schwiegermutter[18] schenkte mir später eine ganze Sammlung[19] von *Furoshiki*. Bis heute, 25 Jahre später, ist nicht ein einziges[20] davon kaputtgegangen[21]! Jedes sieht anders aus und erzählt mit seinen Mustern eine eigene Geschichte. Ich bin oft auf Reisen[22]. Aber nie ohne *furoshiki*. Sie sind für mich ein Stück tragbares[23] Japan.

風呂敷はビニール袋より見た目がずっと美しいし、さまざまな使い方ができます。瓶だって包むことができるのです。

　後になって、私は日本人の義母からため込んでいた風呂敷をそっくりもらい受けました。それから25年たった今も、擦り切れたり破れたりしたものは1枚たりともありません！　どの風呂敷も1枚1枚柄が違い、模様によってそれぞれ自分のストーリーを物語ってくれます。

　私はよく旅行に出ます。でも風呂敷なしで出かけることは決してありません。風呂敷は私にとって、一片の「持ち歩ける日本」なのです。

Wortschatz
16.ästhetisch 美的な　17.vielseitig 広範な　18.die Schwiegermutter 義母　19.die Sammlung 収集　20.nicht ein einziges ひとつとして〜ない　21.ist ... kaputtgegangen 壊れた　22.bin ... auf Reisen 旅に出ている　23.tragbar 持ち運びできる

Goldene Woche

Die Goldene Woche ist eine Reihe[1] von japanischen Feiertagen[2] von Ende April bis Anfang Mai. Viele Unternehmen[3] und Einrichtungen[4] machen in dieser Zeit Betriebsferien[5]. Meist ist das Wetter in dieser Zeit sehr schön. Deshalb verreisen auch viele Japaner in den Urlaub[6]. Auf den Flughäfen und den Autobahnen herrscht dann sehr starker Verkehr[7].

Wortschatz

1.die Reihe 連続　2.der Feiertag,-e 祝日　3.das Unternehmen,- 企業　4.die Einrichtung,-en （公共機関の）施設　5.Betriebsferien （連続する）休業　6.in den Urlaub verreisen 休暇の旅に出る　7.starker Verkehr 交通混雑

ゴールデンウィーク

ゴールデンウィークは、4月末から5月初めの国民の祝日が続く週のことで、この間多くの企業や施設が休業します。この時期はたいてい陽気がよいので、大勢の人々が旅行に出かけます。それで空港や高速道路は大変混み合います。

Goldene Woche | ゴールデンウィーク

Feiertage durch das Jahr

Der Mai ist mein Lieblingsmonat. In Japan und Deutschland scheint dann oft die Sonne, viele Blumen und Bäume blühen. „Es lacht der Mai", fängt ein Gedicht[1] Goethes an[2]. Man möchte am liebsten nach draußen[3] in den Garten gehen und mitlachen.

Die Japaner haben dazu viel Gelegenheit[4]. Der 29. April war der Geburtstag des Kaisers Shōwa und ist deshalb heute nationaler Feiertag. Ebenso der 3. Mai, an dem 1947 die neue Verfassung[5] in Kraft getreten[6] ist. Der 4. Mai ist seit kurzem[7] der „Tag des Grüns". Und der 5. Mai heißt amtlich[8] „Tag der Kinder". Er ist der einzige Feiertag in der Goldenen Woche, der eine lange Tradition besitzt:

道しるべとしての節句

　5月は私の好きな月です。日本でもドイツでも5月は晴れの日が多く、さまざまな草木が花を咲かせます。「5月はほほえむ」— あるゲーテの詩はこう始まりますが、なるほど5月には誰もが庭に出て、自然と一緒にほほえみたい気持ちになるものです。

　その点、日本人は5月の自然に親しむ機会に恵まれています。4月29日は昭和天皇の誕生日だった日で、今は国民の祝日です。1947年に新憲法が施行された5月3日も祝日ですし、5月4日は最近「みどりの日」になりました。そして5月5日ですが、公式名称は「こどもの日」といい、ゴールデンウィークの中で唯一長い伝統を持つ祝日です。

Wortschatz
1.das Gedicht 詩　2.fängt ... an (< an|fangen) 始まる　3.draußen 戸外に　4.die Gelegenheit 機会　5.die Verfassung 憲法　6.in Kraft treten 効力を発する　7.seit kurzem 最近　8.amtlich 公式に

Goldene Woche | ゴールデンウィーク

Der 1.1., 3.3., 5.5., 7.7. und 9.9. eines Jahres galten[9] in alten Zeiten als Tage, an denen sich besonders viel kosmische Energie ansammelte[10]. Deshalb musste man fröhlich feiern, um nicht krank zu werden. Am 1.1. (Neujahr) feiert noch heute die ganze Familie. Der 3.3. (das Puppenfest) ist traditionell ein Feiertag für Mädchen, der 5.5. für Jungen. Am 7.7. feiern die Liebespaare. Der 9.9. wird in Japan kaum[11] gefeiert[12], aber in China und Taiwan ist er ein Feiertag für die Alten. So führen[13] die Feiertage durch das Jahr und gleichzeitig durch das Leben.

Es ist schade, dass ausgerechnet[14] der 11.11. fehlt[15]. Denn das ist der Tag, an dem in Europa der Karneval beginnt – und die Zeit und die Welt symbolisch auf den Kopf gestellt[16] werden.

Solche Tage braucht man immer wieder. Tage zum Lachen und Feiern mit der Familie und den Freunden.

昔は、1年のうち1月1日、3月3日、5月5日、7月7日、9月9日は特に多くの宇宙エネルギー(陽)が集まる日で、病気にならぬよう楽しく祝うべき日とされていました。今も1月1日(元日)は家族揃って祝います。3月3日(雛祭り)は伝統的に女の子の祭り、5月5日は男の子の日です。7月7日は夫婦の日、9月9日は日本ではめったに祝われませんが、中国や台湾では敬老の日とされています。このように祝日は一年、そして人生の流れに沿って、その節目節目を示してくれる道しるべのようなものなのです。

　惜しむらくは、他でもない11月11日が節句に入っていないことでしょう。この日はヨーロッパではカーニバルシーズン開幕の日。時間と世の中が(象徴的にですが)ひっくり返される日とされているからです。

　羽目を外して家族や友達と笑い合い、楽しく祝う——そうした日を私たちは折にふれて必要としているのではないでしょうか。

Wortschatz
9. galten (< gelten) 通用した　10. sich ansammeln 集まる
11. kaum ほとんど〜ない　12. wird … gefeiert 祝われる
13. führen リードする　14. ausgerechnet よりによって
15. fehlen 欠けている　16. auf den Kopf stellen 逆転させる

Überstunden

zangyō ist die inoffizielle[1] Bezeichnung[2] für „Arbeit außerhalb der Arbeitszeit" (Überstunden[3]). 2010 leistete[4] jeder japanische Arbeiter im Durchschnitt[5] 13 Überstunden in jedem Monat.

Wortschatz

1.inoffiziell 非公式の 2.die Bezeichnung 名称 3.die Überstunde, -n 超過勤務 4.leisten 行う 5.im Durchschnitt 平均して

残業

「残業」は、「時間外労働」の非公式的な呼び方です。2010年に日本の労働者は一人当たり月間平均13時間の残業をしました。

Auf dem Gerüst[1]

Mein allererster[2] Tag in Japan war ein Sonnabend im Dezember 1983. Ich traf mit dem Flugzeug in Narita ein[3], fuhr[4] mit dem Zug nach Ueno und von dort aus nach Suidōbashi in Tokyo. Dort liegt der Kōdōkan, das Hauptquartier des japanischen Judo. Für die ersten Wochen hatte ich in dessen Gästehaus ein Zimmer gemietet[5]. Als ich dort mit all meinem Gepäck ankam, war es etwa 22 Uhr. Das Gebäude war fest verschlossen und stockdunkel. Ich wusste nicht, wie ich hineinkommen sollte.

Neben dem Gebäude war eine Baustelle[6]. Plötzlich bemerkte ich auf dem Gerüst einen Menschen. Es war wohl ein Architekt oder Bauleiter[7], der mitten in der Nacht am Wochenende allein etwas überprüfte[8].

足場の上で

　私の日本での第一歩となった最初の日は、1983年12月のある土曜日でした。飛行機で成田空港に到着し、電車で東京の上野へ行き、さらにそこから水道橋に向かいました。水道橋には日本柔道の本部・講道館があります。私は最初の数週間の宿泊先として、講道館のゲストハウスの一室を借りておいたのです。私が荷物一式を抱えてたどり着いたときは、午後10時ごろになっており、建物の戸は堅く閉ざされて真っ暗でした。どうやって入ればいいのか分からず、私は途方に暮れました。

　ゲストハウスの隣は工事現場でした。ふと見ると、足場に人がいるのが目に入りました。たぶん、建築家か現場監督だったのではないでしょうか。週末の深夜に、ひとりで何かをチェックしているようでした。

Wortschatz
1.das Gerüst 骨組み, 足場　2.allererst 最も初めの　3.traf ... ein (< ein|treffen) 到着した　4.fuhr (<fahren)（乗り物で）行った　5.mieten 間借りする　6.die Baustelle 建築現場　7.der Bauleiter 現場監督　8.überprüfen 点検する

Überstunden | 残業

Ich sprach ihn an[9]. Er verstand, was ich wollte, und führte[10] mich zu einem Nebeneingang[11]. Ein anderer Bewohner[12] des Gästehauses öffnete – ich war gerettet[13].

Dem einsamen[14] Mann auf dem Gerüst[15] bin ich bis heute dankbar[16]. Es hat ihm sicher keinen Spaß gemacht, um diese Uhrzeit am Wochenende noch zu arbeiten. Aber er war da.

Während Japans Wirtschaft[17] rasch wuchs[18], waren solche Überstunden für viele Japaner ganz normal. Heute ist das etwas anders geworden. Denn man weiß natürlich: Zu viele Überstunden sind nicht gut für den Arbeitsmarkt, die Gesundheit[19] und das Familienleben. Aber manchmal geht es eben nicht anders[20]. Der Mann auf dem Gerüst wäre sicher lieber zuhause geblieben. Aber für mich hat er die Tür nach Japan geöffnet.

その人は私が声を掛けると、私の望んでいることを理解し、通用口に案内してくれました。すると、ゲストハウスに泊まっていた他の客がドアを開けてくれて、お陰で私は助かったのです。

　足場の上にひとりたたずんでいたあの男性に、私は今も恩義を感じます。週末のあんな時間にまだ働くことは、あの人にとってもきっと愉快なことではなかったでしょう。でも、彼はあそこにいてくれました。

　日本経済が急速に成長していたころ、あのような残業は多くの日本人にとってごく普通のことでした。今では少し事情は変わりました。残業のしすぎが労働市場にとっても、健康にとっても、また家庭生活にとってもよくないことは、いまや常識だからです。それでも、残業をせずには済まないときもあります。足場の上の男性も、本当はうちに帰りたかったことでしょう。でも私にとってあの人は、日本への扉を開けてくれた人となりました。

Wortschatz

9.sprach ... an (< an|sprechen) 話しかけた　10.führen 連れて行く　11.der Nebeneingang 通用口　12.der Bewohner 住人　13.gerettet sein 救われた　14.einsam 孤独な　15.das Gerüst 足場　16.j³ dankbar sein 〜に感謝している　17.die Wirtschaft 経済　18.wuchs (< wachsen) 成長した　19.die Gesundheit 健康　20.geht es nicht anders そうするしかない

Heimat

Japaner sind sehr heimatverbunden[1]. Selbst[2] aus den Großstädten fahren viele zu Familienfesten in ihre alte Heimat auf dem Land zurück. Sie besuchen die Gräber[3] ihrer Vorfahren[4] und feiern fröhlich mit ihren Verwandten[5] und Freunden.

Wortschatz

1.**heimatverbunden** 故郷と結びついた 2.**selbst** ～さえも 3.**das Grab, Gräber** 墓 4.**der Vorfahr, -en** 祖先 5.**Verwandte** 親戚

故郷

日本人は故郷と強い絆で結ばれています。大都市に住んでいても、家族の祝い事のために田舎にある自分の故郷に帰る人は大勢います。そこで先祖の墓参りをしたり、親戚や友人と楽しく祝ったりするのです。

Heimat | 故郷

Die leckeren Hasen

Das bekannteste japanische Lied über die Heimat fängt so an: „Auf jenem Berg, wo ich den Hasen[1] hinterherlief[2] ..." Es ist in klassischem Japanisch geschrieben, was viele junge Japaner nicht verstehen. Kinder glauben daher oft, die erste Zeile[3] lautet: „Auf jenem Berg, wo die Hasen lecker sind ..."

In ihrer Heimatregion begegnen[4] die Japaner dem, was sie an der Großstadt vermissen[5]: Tieren, Feldern, Wiesen, Wäldern, Bächen, in denen man baden kann ..., einfachem, aber leckerem Essen, das nach Mutters Küche schmeckt ..., ausgelassenen[6] Festen, auf denen gesungen, gespielt und von vergangenen Zeiten erzählt wird[7] ....

おいしいうさぎ

「うさぎ追いし、かの山…」これは、日本で一番よく知られている故郷を歌った歌の歌い出しです。ところが若い日本人にはわかりにくい文語体で書かれているので、よく子どもはこの歌い出しを「うさぎおいしい、あの山」だと思い込むそうです。

ふるさとの地方では、大都会にはない懐かしいものに出会えます。動物、田畑、野原、森、水浴びができる小川…おふくろの味がする素朴だけれどおいしい料理、歌い、遊びに興じ、昔話に花が咲く宴会…。

Wortschatz
1.der Hase, -n うさぎ 2.et³/j³ hinterherlief (< hinterher|laufen) 〜の後を走って追う 3.die Zeile 行 4.et³/j³ begegnen 〜に出会う 5.vermissen 懐かしく思う 6.ausgelassen 浮かれた 7.auf denen gesungen, gespielt und ... erzählt wird （そこでは）歌われ, 遊ばれ, 語られる

Heimat | 故郷

Die Rückkehr[8] aufs Land (*kisei*) ist für die modernen Japaner eine „Wäsche fürs Herz", wie sie sagen. Aber sie ist teuer erkauft[9], weil oft alle gleichzeitig[10] unterwegs[11] sind: besonders im August, wenn das buddhistische Totenfest[12] *obon* stattfindet[13]. Dann sind die Autobahnen verstopft[14] und alle Flugpreise besonders hoch.

Das ist es den Japanern wohl wert[15]. Denn hier, in der Heimat, sind sie Personen mit Geschichte, nicht nur Arbeitskräfte – und deshalb tragen[16] sie hier noch gern japanische Kleidung wie *yukata* und *kimono*, die man in Tokyo oder Osaka so selten[17] sieht.

田舎に帰ること(帰省)は、日本人によると現代人にとっての「心の洗濯」だそうです。ただし、それを手に入れるにはかなりの犠牲を払うことになります。皆が一斉に帰省することが多いからです。特に故人を祭る仏教行事のお盆がある8月はそうで、この時期、高速道路は大渋滞となり、航空券はどれも格段に高くなります。

　それでも日本人にとって、帰省はそれだけの代償を払う価値があるものなのでしょう。故郷の地では人はそれぞれの歴史を持つ人格であって、ただの労働力ではありません。だからこそ日本人は故郷に帰ると、東京や大阪などの大都会では見かけることがまれになった、伝統的な浴衣や着物を今も好んで着るのかもしれません。

Wortschatz
8.die Rückkehr 帰還　9.teuer erkauft 高いお金で手に入れた
10.gleichzeitig 同時の　11.unterwegs 出かけている　12.das Totenfest 死者の祭り　13.statt|finden 行われる　14.verstopft 渋滞している　15.wert 価値がある　16.tragen 着る　17.selten めったに〜ない

Die Pracht-Nelke

Die Pracht-Nelke ist in Japan heimisch[1]. Sie blüht im Herbst und gilt[2] seit langem[3] als Symbol für Anmut[4] und Schönheit der japanischen Frauen. Deshalb heißt auch Japans Frauenfußball-Nationalmannschaft nach ihr, die[5] 2011 Weltmeister[6] geworden ist.

Wortschatz
1.heimisch 固有の 2.gilt als ... (< gelten) 〜と見なされている 3.seit langem 古くから 4.die Anmut 優美さ 5.die Frauenfußball-Nationalmannschaftを指す 6.der Weltmeister 世界チャンピオン

なでしこ

日本に自生し、秋に花を咲かせるなでしこは、古くから日本女性の優雅さと美しさの象徴とされてきました。2011年に世界チャンピオンとなったサッカー日本女子代表チームが「なでしこ」と名付けられたのもこのためです。

Die Pracht-Nelke | なでしこ

Aufregend, schön – und selten

Japan ist reich an¹ Pflanzenarten² – es gibt hier ungefähr³ doppelt so viele wie⁴ in Deutschland. Eine der bekanntesten ist die langstielige⁵ Pracht-Nelke oder japanisch: *nadeshiko, kawara nadeshiko* oder *yamatonadeshiko*.

Die Pracht-Nelke gehört mit Goldbaldrian (*ominaeshi*), Ballonblume (*kikyo*), Chinaschilf (*obana*), Fortunes Wasserdost (*fujibakama*), *kudzu* und Buschklee (*hagi*) zu den klassischen „7 Herbst-Kräutern⁶". Sie alle stammen⁷ ursprünglich⁸ aus Ostasien. Anders als die „7 Frühlings-Kräuterb" werden sie aber weder gegessen noch⁹ als Medizin benutzt. Man freut sich einfach an ihrem Anblick¹⁰, wenn die rauen Winde des Herbstes die Felder zerzausen¹¹.

艶やかで美しく…そして希少

　日本は植物の種類が豊富です。日本にはドイツのほぼ倍の種類の植物があります。中でも最もよく知られている自生種の一つが、長い茎を持つカワラナデシコ（別名 ヤマトナデシコ）です。

　ナデシコはオミナエシ（女郎花）、キキョウ（桔梗）、ススキ（尾花）、フジバカマ（藤袴）、クズ（葛）、ハギ（萩）とともに、古来より「秋の七草」の一つに数えられてきました。七草はどれも東アジア原産の植物です。「秋の七草」は「春の七草」と違って食用や薬用ではなく、野を渡る荒々しい秋風に花々が吹き乱される景色を単に眺めて楽しむためのもののようです。

Wortschatz
1.an et³ reich sein 〜が豊富である　2.die Pflanzenart, -en 植物の種類　3.ungefähr 大体　4.doppelt so viele wie ... 〜の2倍の多さ　5.langstielig 茎の長い　6.das Kraut, Kräuter 草本　7.aus et³ stammen 〜に由来する　8.ursprünglich もともと　9.weder ... noch ... 〜でも〜でもない　10.der Anblick 眺め　11.zerzausen 吹きすさぶ

Die Pracht-Nelke | なでしこ

Auch die Pracht-Nelke sieht mit ihren zerfransten[12] rosa oder weißen Blütenblättern[13] ein wenig zerzaust aus. Aber gerade deswegen wirkt[14] sie aufregend und auf anmutige Weise[15] schön. Genau wie junge Japanerinnen, die man seit alten Zeiten gern mit dem Spitznamen[16] *yamatonadeshiko* ziert[17]. Genau wie die sympathische Truppe[18] von Fußballerinnen, die im Juli 2011 in Deutschland Fußball-Weltmeisterinnen wurden.

Heute gehört die Pracht-Nelke auch in Japan zu den gefährdeten[19] Pflanzenarten. Das passt leider gut zum Geburtenrückgang[20] in Japan. Hoffen wir, dass sie uns noch lange erhalten bleiben[21].

ナデシコの桃色や白の花びらも先端が細かく裂けて、風に吹かれて乱れたかのようですが、まさにそれゆえにナデシコは艶やかで優美に見えるのでしょう。艶やかで優美なことは、古くから「大和撫子」の美称で称えられる若い日本女性も、2011年7月にドイツで行われたサッカー女子ワールドカップで世界一に輝いた、好感度抜群の日本女子代表チームの選手たちも同じです。

　ナデシコは現在、日本でも絶滅危惧植物の一つに数えられています。残念ながら日本の出生数の減少にちょうど一致するかのようですが、これからもナデシコが保全され、永く日本の地に咲き続けることを私たちは願わずにはいられません。

Wortschatz
12.zerfranst 房状に裂けた　13.Blütenblätter 花びら　14.wirken 印象を与える　15.auf ... Weise ～の方法で　16.der Spitzname 愛称　17.mit et^3 zieren ～で飾る　18.die Truppe 軍　19.gefährdet 危機にある　20.der Geburtenrückgang 出生数の減少　21.erhalten bleiben 保持され続ける

Die Firma

kaisha ist die Bezeichnung[1] für ein modernes japanisches Wirtschaftsunternehmen[2] (eine Firma[3]). Die meisten Firmen schließen ihr Geschäftsjahr[4] am 31. März ab[5].

Wortschatz

1. die Bezeichnung 名称 2. das Wirtschaftsunternehmen (< die Wirtschaft 経済 + das Unternehmen 企業) 3. die Firma, Firmen 会社 4. das Geschäftsjahr 営業年度 5. schließen ... ab (< ab|schließen) 締めくくる

会社

「会社」は、近代的な日本の営利企業を指す言葉です。3月31日には大半の会社が年度末の決算を行います。

Die doppelte Gesellschaft

Das älteste japanische Buch, das ich kenne, in dem das Wort „*kaisha*" benutzt wird[1], stammt von[2] einem berühmten Journalisten namens Fukuchi Gen'ichirō (1841-1906). Er veröffentlichte[3] 1871 ein Werk über „die unterschiedlichen Arten von *kaisha*". Darunter verstand[4] er vor allem[5] Unternehmen, die mit Geld handelten – also Banken. Das sind ja ganz besondere Unternehmen. Aber auch dafür gab es damals noch kein gängiges[6] japanisches Wort. Es hat einige Zeit gebraucht, bis solche neuen Wörter wie *kaisha* ihre genaue Bedeutung[7] erhalten[8] hatten, wie man sie heute kennt.

2つの「ソサエティ」

「会社」という言葉が使われている、私の知る最も古い日本語の本は福地源一郎（1841-1906）という著名なジャーナリストの筆になるものです。福地は1871年に『会社弁』という本を発表し、さまざまな種類の会社について論じましたが、その中で福地は「会社」を主にカネを取引する企業、すなわち「銀行」の意味で使っていました。銀行はご存じのとおり極めて特殊な企業ですが、当時の日本語の日常語の中にはまだ「銀行」にあたる言葉がありませんでした。「会社」のような新語が、こんにち知られているような明確な意味を獲得するまでにはしばらく時間を要したのです。

Wortschatz
1.benutzt wird (< benutzen) 用いられる　2.von et³ stammen 〜に由来する　3.veröffentlichen 発表する　4.darunter verstand(<unter~ ...verstehen) 〜を…という意味に理解した　5.vor allem とりわけ　6.gängig 通用する　7.die Bedeutung 意味　8.erhalten 得る

Fukuchi benutzte *kaisha* als Übersetzung[9] des englischen Wortes „society" („Gesellschaft[10]"). Als Wortspiel[11] dachte er sich auch die Umkehrung von *kai-sha* (der Wirtschafts-Gesellschaft) und *sha-kai* (der politischen Gesellschaft) aus[12].

Bisher übernahmen[13] viele japanische Unternehmen wichtige soziale Verantwortung[14] für ihre Arbeitnehmer[15]. Im Idealfall[16] garantierten sie lebenslange Beschäftigung[17], eine vielseitige[18] Berufskarriere[19] mit geregeltem Aufstieg[20] und hilfreiche Dienstleistungen[21] wie Firmenwohnungen und Erholungsheime[22]. Viele Japaner möchten deshalb gern Mitglied[23] einer großen Firma sein. Leider reicht der Platz nicht für alle. Außerdem sind viele der beliebten Annehmlichkeiten[24] und Sicherheiten nach den 1980er Jahren inzwischen verloren gegangen[25].

福地は「会社」を英語の"society"（ドイツ語の"Gesellschaft"）の訳語として使っていました。そして、言葉遊びとして「会社」（経済のソサエティ）をひっくり返した「社会」（政治のソサエティ）という言葉も考え出しました。

　従来、多くの日本企業は社員に対して主だった社会的責任を引き受けてきました。終身雇用、定期昇進付きの多様な職務キャリア、社宅や保養所などの手厚いサービスを社員に保証するのが企業の理想的なあり方とされていました。このため多くの日本人が大企業の社員となることを望んでいますが、残念ながらイスは全員分はありません。その上、人気の高いこれらの心地よい慣習やさまざまな保障は、80年代末以降にその多くが失われてしまいました。

Wortschatz

9.die Übersetzung 翻訳　10.die Gesellschaft 社会, 会社　11.das Wortspiel 言葉遊び　12.dachte ... sich ... aus (< sich aus|denken) 考え出した　13.übernahmen (< übernehmen) 引き受けた　14.die Verantwortung 責任　15.der Arbeitnehmer, - 従業員　16.der Idealfall 理想的な場合　17. die Beschäftigung 雇用　18.vielseitig 多様な　19.die Berufskarriere 職務経験　20.der Aufstieg 昇進　21.die Dienstleistung, -en サービス　22.das Erholungsheim, -e 保養所　23.das Mitglied 一員　24.die Annehmlichkeit, -en 快適さ　25.sind verloren gegangen (< verloren gehen) 失われた

Die Mondscheinfeier[1]

Am 15. Tag des achten Monats nach dem alten Mondkalender[2] (nach dem heutigen Kalender: meist Ende September) findet in Japan die Mondscheinfeier statt[3]. Sie markiert[4] den Übergang[5] zum Herbst.

Wortschatz
1.die Mondscheinfeier,-n 月見 (der Mondschein 月光 + die Feier 祝い)　2.der Mondkalender 陰暦　3.findet ... statt (< stattfinden) 行われる　4.markieren 区切りを示す　5.der Übergang 変わり目

お月見

陰暦8月15日（現在の暦ではたいてい9月末）には、日本では月見の行事が行われます。お月見は秋へと移ろいゆく季節の節目を示しています。

Die Mondscheinfeier | お月見

Der Mond ist aufgegangen*¹

Im Leben der Japaner spielt der Mond eine große Rolle. Der Vollmond² im September ist ja traditionell die Zeit für die „Mondscheinfeiern" (*tsukimi*). Angeblich³ scheint⁴ der Mond zu dieser Jahreszeit⁵ besonders hell. Man opfert⁶ dem Mond leckere Dango-Klöße⁷ und Sake, und wenn der Mond satt⁸ ist, isst und trinkt man sie eben selbst auf⁹. Beim Betrachten¹⁰ des satten, vollen Mondes in gemütlicher Runde¹¹ ereignet sich¹² etwas Merkwürdiges¹³: Man sieht plötzlich einen Hasen auf dem Mond, der Reiskuchen stampft¹⁴. Aber nur in Ostasien. In Deutschland glaubt man dagegen den „Mann im Mond" zu sehen. Das ist nicht sehr poetisch. Der Dichter¹⁵ Christian Morgenstern erfand¹⁶ deshalb das „Mondschaf**¹⁷".

月はのぼりて*

　日本人の生活の中で月は大事な役割を果たしています。9月の満月は伝統的に月見の時期で、この季節になると月は特に明るく輝くとされています。そこで月においしい団子と酒をお供えし、お月様が満腹になるのを待って、お供え物は自分たちで飲み食いするのですが、なごやかに宴を囲み、煌々(こうこう)と輝く満月を眺めているうちに何やら奇妙なことが…。そう、月の中に餅を搗くうさぎの姿が見えてくるのです。ただし、それは東アジアだけの話。ドイツでは月の中に「月の男」が見えると信じられています。でも、それではあまりに詩情がありませんね。それで詩人クリスティアン・モルゲンシュテルンは「月の羊」**を創ったのでしょう。

＊ „Der Mond ist aufgegangen" は Matthias Claudius の詩で、「月はのぼりて」として『賛美歌』に収載。
＊＊ „Mondschaf" は Christian Morgenstern の詩。„Galgenlieder(絞首台の歌)" 所収。

Wortschatz

1.ist aufgegangen (< auf|gehen) 昇った　2.der Vollmond 満月　3.angeblich 〜ということである　4.scheinen 輝く　5.die Jahreszeit 季節　6.opfern 捧げる　7.der Kloß, Klöße 団子　8.satt 満腹の　9.isst ... auf < auf|essen 平らげる　10.das Betrachten 観賞　11.die Runde 一座　12.sich ereignen 起こる　13.etwas Merkwürdiges 何か奇妙なこと　14.stampfen 搗く　15.der Dichter 詩人　16.erfand (<erfinden) 創り出した　17.das Mondschaf 月の羊

Die Mondscheinfeier | お月見

So sieht jeder den Mond auf andere Weise. Er ist ein stiller, freundlicher, zuverlässiger[18] Begleiter unseres Lebens und unserer Kulturen. In die Sonne können wir nicht schauen. Auf den Mond schon. Dass er dabei auch noch „abzunehmen[19]" und „zuzunehmen[20]" scheint, fasziniert[21] uns zusätzlich[22]. Das ewige[23] Kommen und Gehen des Mondes ist eigentlich Routine. Aber wie bei jeder Routine lohnt es sich[24], wenigstens einmal im Jahr genau hinzuschauen, um die kleinen Unterschiede zu entdecken. Ist es wirklich noch derselbe Mondhase wie im Jahr zuvor? Hat er seinen Reiskuchen endlich fertig gestampft? Und wie schmecken eigentlich Mondreiskuchen ...?

このように月の見方は百人百様。月は静かに、優しく、そしてたゆみなく、私たちのさまざまな暮らしと文化に寄り添いながら歩みます。太陽の表面を眺めることはできませんが、月なら大丈夫。月が満ち欠けするように見えることも、余計に私たちの心を捉えます。

　永遠に繰り返される月の出と月の入り。実のところ、それはごくありきたりの光景です。けれど、どんなお決まりの現象でも、何か小さな違いが見つからないか、少なくとも一年に一度はじっくりと眺めてみると意外な発見があるものです。あれは本当に一年前と同じ月のうさぎでしょうか。うさぎはなんとか餅を搗き上げることができたでしょうか。ところで月の餅って一体どんな味がするんでしょう…。

Wortschatz
18.zuverlässig 信頼できる　19.abzunehmen 痩せること (ab|nehmenのzu不定詞)　20.zuzunehmen 太ること (zu|nehmenのzu不定詞)　21.faszinieren 魅了する　22.zusätzlich 余計に　23.ewig 永遠の　24.es lohnt sich, ... zu ... 〜するに値する

Shinbō
Ein dickes Fell

Shinbō nennt man auf Japanisch Kraft[1], Entbehrungen[2] längere Zeit[3] durchzuhalten[4], ohne aufzugeben[5].

Wortschatz

1.die Kraft 能力 2.die Entbehrung,-en 不自由 3.längere Zeit かなり長い間 4.durch|halten 持ちこたえる 5.auf|geben 諦める

辛抱

諦めず、不自由な生活に負けないで長い間耐え忍ぶ力のことを、日本語では「辛抱」といいます。

Shinbō / Ein dickes Fell | 辛抱

Was uns am Leben hält

Eineinhalb[1] Jahre nach dem großen Erdbeben[2] vom März 2011 habe ich die Stadt Ōfunato besucht. Sie hat durch den Tsunami große Schäden erlitten[3]. Viele Menschen sind gestorben, viele Menschen haben ihr Heim verloren[4].

Ich habe einen Arzt namens Yamaura Harutsugu kennen gelernt, der in dieser schweren Zeit vielen Menschen sehr geholfen[5] hat. Seit vielen Jahren erforscht[6] er den lokalen Dialekt[7], den er „Kesen-Sprache" nennt. „Kesen" heißt die Gegend[8] im Süden der Präfektur Iwate. Dr. Yamaura hat das Neue Testament[9] in die Kesen-Sprache übersetzt[10]. Es klingt sehr volksnah[11] und ist für die Menschen gut zu verstehen.

私たちを生かしているもの

　東日本大震災から1年半後に私は大船渡市を訪れました。大船渡は津波で大きな被害を受けたところです。大勢の人が亡くなり家を失いました。

　私はそこで山浦玄嗣という医師と知り合いました。山浦先生は震災後の苦しい時期に人々の支援に尽力した方です。

　また、岩手県南部・気仙地方の方言を「ケセン語」と名付けて長年研究しており、新約聖書をケセン語に訳しました。ケセン語版聖書は、とても庶民的な響きがする、わかりやすい言葉で書かれています。

Wortschatz
1.eineinhalb 1と2分の1 2.das Erdbeben 地震 3.hat ... erlitten(<erleiden) こうむった 4.haben ... verloren(<verlieren) 失った 5.geholfen (<helfen) hat 助けた 6.erforschen 研究する 7.der Dialekt 方言 8.die Gegend 地域 9.das Neue Testament 新約聖書 10.übersetzen 翻訳する 11.volksnah 大衆的

Shinbō / Ein dickes Fell | 辛抱

Viele Menschen, die nicht dort leben, wundern[12] sich darüber, dass die Leute von Kesen ihr Schicksal[13] so geduldig[14] ertragen[15]. Manche behaupten[16], dies sei[17] nur Schicksalsergebenheit[18]. Der Arzt hat mir aber erklärt, dass dies nicht stimmt. Vielmehr kämpfen[19] die Menschen dort schon so lange gegen Naturkatastrophen, dass sie ein dickes Fell entwickelt haben[20]. So möchte ich das Wort *shinbō* übersetzen. Das bedeutet nicht einfach stillhalten[21], wenn etwas wehtut[22] (dazu würde man auf Japanisch *gaman* sagen). Sondern es heißt: mit Geduld[23] und Ausdauer[24] eine schwere Zeit überstehen[25], ohne zu jammern und ohne das Ziel aus den Augen zu verlieren.

Ich wünsche mir, dass die Menschen in Kesen und den übrigen Teilen des Katastrophengebiets[26] möglichst viele ihrer Ziele erreichen[27] – auf ihre Weise[28] und, wo nötig, mit unserer Hilfe.

地元以外の人はよく、気仙の人々が災禍にじっと耐えている姿に感心しますが、中にはあれは運命と諦めてしまっているだけだと言う人もいます。でも先生は、それは違う、むしろ気仙衆は昔から天災と闘ってきたからそう簡単にはへこたれないのだ、と教えてくれました。「辛抱」という言葉もそう解釈すればいいのですね。ただ痛みをこらえる（それは「我慢」と言うべきでしょう。）のではなく、グチをこぼさず、目標を見据えながら、忍耐と根気で苦しい時期を乗り切るという意味だ、と。

　気仙をはじめとする被災地の人々が——自分たちのやり方で、必要なら私たちの助けを借りながら——自らの目標をなるべくたくさん達成できますように。

Wortschatz
12.sich über et[4] wundern ～に驚く　13.das Schicksal 運命　14.geduldig 我慢強く　15.ertragen 耐える　16.behaupten 主張する　17.sei ... ～であるということだ　18.die Schicksalsergebenheit 運命に従うこと　19.kämpfen 闘う　20.ein dickes Fell entwickeln （苦難に遭っても）動じない心を養う　21.still|halten じっと耐える　22.weh|tun 痛む　23.die Geduld 忍耐　24.die Ausdauer 持久力　25.überstehen 乗り越える　26.das Katastrophengebiet 被災地　27.erreichen 達成する　28.die Weise 方法

Momiji

Im Herbst färben sich[1] die Blätter vieler Bäume[2] in Japan bunt. Die Japaner nennen dies *kōyō* oder *momiji*. Die Farben sind intensiver[3] als in Deutschland. Das liegt am[4] Klima[5]: Am Tag ist es warm und sonnig und in der Nacht kühl, aber trocken. Jetzt ist eine Reise in die Berge besonders schön.

Wortschatz
1.sich färben 色づく 2.die Blätter vieler Bäume 多くの木々の葉 3.intensiver (< intensiv) より濃い 4.an et³ liegen 原因が〜にある 5.das Klima 気候

紅葉

秋になると日本では多くの樹木の葉が色とりどりに染まります。日本人はこれを紅葉またはもみじと呼びます。紅葉の色はドイツよりずっと鮮やかですが、これは日中晴れて暖かく、夜は冷え込むものの湿気が少ない日本の秋の気候によるものです。この季節、山に出かけるのはとりわけ気持ちのいいものです。

Momiji | 紅葉

Der herrliche Herbst

In Japan laden sonnige, warme Tage im Oktober und November zum Spazierengehen und Wandern ein[1]. Sonnenlicht scheint durch das bunte Laub[2]. Fächer-Ahorn (auf Japanisch *irohamomiji*) wird dunkelrot[3]. Ginkgo[4]-Bäume werden dagegen[5] goldgelb. Es duftet nach[6] herabgefallenen[7] Blättern. Manchmal stinkt es auch nach[8] herabgefallenen Ginkgo-Nüssen[9]. Manche Japaner suchen danach wie die Eichhörnchen[10]. Man kann sie nämlich essen. Mein Lieblings-Ginkgo stand fast tausend Jahre lang als heiliger[11] Baum neben der Treppe zum Hachiman-Schrein in Kamakura. Der Anblick seiner goldenen Krone[12] durfte bei keinem Besuch in Kamakura fehlen[13]. Leider hat ihn ein Sturm 2010 gefällt[14] – im Frühling.

すばらしい秋

日本では10月や11月の晴れた暖かい日には、よい日和に誘われて散歩やハイキングに出かけたくなるものです。モミジ（イロハモミジ）は深い紅、イチョウは黄金色というように、木の葉がさまざまに色づいて、日光が紅葉を透かして輝き、落葉の香りが匂い立ちます。落ちた銀杏の実の臭いがすることもありますが、銀杏は食べられるので、リスのように銀杏探しに精を出す日本人の姿もよく見かけます。私のお気に入りのイチョウは、鎌倉の鶴岡八幡宮の階段脇に御神木として1000年近く立っていた大イチョウでした。鎌倉に行くと必ず、金色の樹冠を頂く大イチョウを眺めたものです。しかし、残念なことに大イチョウは2010年の春、嵐で倒れてしまいました。

Wortschatz
1. laden ... zum ... ein (< zu et^3 ein|laden) 〜に誘う 2. das Laub（集合的に）木の葉 3. dunkelrot 深紅 4. der Ginkgo イチョウ 5. dagegen それに対して 6. nach et^3 duften 〜の香りがする 7. herabgefallen 落ちてきた 8. nach et^3 stinken 〜の臭いがする 9. die Nuss, Nüsse 木の実 10. das Eichhörnchen, - リス 11. heilig 神聖な 12. die Krone 樹冠 13. durfte bei keinem ... fehlen 〜の折には欠くことはなかった 14. gefällt (< fällen) 倒した

Sobald[15] die Sonne untergeht[16], sollte man den Spaziergang schnell beenden[17]. Denn es kühlt schnell ab[18]. Der große Temperaturunterschied[19] zwischen Tag und Nacht ist wichtig für die Laubfärbung[20].

Für Deutsche ist der November meist ein grauer, trüber[21] Monat. Japaner aber lieben diese Jahreszeit. Die bunten Farben des *momiji* finden sich[22] in vielen japanischen Kimonomustern und Bildern. Sie haben die japanische Ästhetik[23] stark geprägt[24].

日が傾いたら散歩は早々に切り上げるべきでしょう。急に冷え込むからです。日中と夜の温度差が大きいことが、紅葉には重要なのです。

　ドイツ人にとって11月はたいがい灰色でどんよりとした月ですが、日本人はこの季節を好みます。色とりどりの紅葉は多くの着物の文様や絵画に描かれています。紅葉は日本人の美意識を形作ってきたのです。

Wortschatz
15. sobald ... 〜するとすぐ　16. unter|gehen 沈む　17. beenden 打ち切る　18. kühlt ... ab < ab|kühlen 冷える　19. der Temperaturunterschied 温度差　20. die Laubfärbung 紅葉　21. trübe どんよりした　22. sich finden ある　23. die Ästhetik 美意識　24. prägen 形作る

Essstäbchen

In Europa isst man mit Messer[1] und Gabel[2]. In Japan benutzt[3] man dagegen[4] meist zwei Stäbchen. Man hält beide[5] Stäbchen in derselben[6] Hand.

In ganz Ostasien benutzen die Menschen Essstäbchen. Aber in Japan sind sie meist aus Holz[7], recht kurz und haben spitze Enden. Stäbchen können bunt lackiert[8] sein oder ganz schlicht sein wie die Einweg-Stäbchen[9] im Supermarkt.

Wortschatz

1. das Messer ナイフ 2. die Gabel フォーク 3. benutzen 使う 4. dagegen それに対し 5. beide 両方の 6. derselbe 同一の 7. das Holz（素材としての）木 8. lackiert 塗りの 9. Einweg-Stäbchen 使い捨ての箸

箸

ヨーロッパではナイフとフォークで食事をしますが，日本ではたいてい2本の箸を使います。箸は2本とも同じ手に持ちます。
箸は東アジア全域で使われていますが，日本の箸は大半が木製で，長さは短め，先はとがっています。塗り箸のようにカラフルなものもあれば，スーパーで売っている割り箸のようにごく簡素なものもあります。

Wortschatz

1.der Löffel スプーン　2.der Ausländer 外国人　3.leicht 易しい　4.brauchen 必要とする　5.zerteilen 分ける　6.halten 持っている　7.um|drehen 裏返しにする　8.tunken 浸す　9.zerbröseln ぼろぼろに砕ける　10.das Hirn 脳

Essstäbchen | 箸

Mit Stäbchen

Ich esse Curry-Reis am liebsten mit Stäbchen. Japaner finden das komisch, weil sie meistens den Löffel[1] nehmen. Aber ich finde, dass japanisches Essen mit Stäbchen einfach am besten schmeckt.

Kaki

Die *Kaki*-Frucht gedeiht[1] in Ostasien am besten. Sie sieht so ähnlich[2] aus wie eine Tomate. Sie schmeckt herblich[3]-süß. Man kann sie roh oder getrocknet[4] essen.

Wortschatz
1.gedeihen 繁茂する　2.ähnlich 似ている　3.herblich 渋みのある　4.getrocknet 干して

柿

柿がいちばんたわわに実をつけるのは、東アジアでしょう。柿の実はトマトのような外見で、渋みがかった甘い味がします。生で食べたり、干し柿にして食べたりします。

Kaki | 柿

Jedesmal, wenn[10] ich „*Kaki*-Frucht" sagen will, spreche ich mir die erste Zeile des berühmten Haiku vor: „Wenn ich *Kaki*-Früchte esse ... (*kaki kueba ...*)" - dann fällt mir die richtige Aussprache wieder ein[11].
Der blaue Himmel auf Kiyochikas Bild passt auch zu dem Sprichwort[12]: „Wenn die *Kaki*-Früchte rot werden, werden die Ärzte blau" – wobei „blau" auf Deutsch so viel wie „bleich[13]" bedeutet. Denn die *Kaki*-Früchte werden nur bei bestem Wetter im Herbst rot-orange, bei strahlend[14] blauem Himmel also. Dann gibt es aber weniger Erkältungskrankheiten[15], und die Ärzte verdienen[16] kein Geld. Außerdem[17] soll es gegen Fieber helfen, wenn man süße *kaki* isst.
Im Winter schicken uns meine Verwandten[18] aus Yamanashi getrocknete *kaki*. Darauf freue ich mich[19] jedes Mal, wenn ich Kiyochikas Bild betrachte.[20]

今では「柿」と言おうとするときにはいつも有名な俳句「柿食えば…」の上五の出だしを唱えてみるようにしています。そうすれば、正しいアクセントが思い出せるので。

　清親の絵の青空は、「柿が赤くなると医者が青くなる」という諺(ことわざ)にも合っているように思いますが、ここで言う「青い」はドイツ語では "bleich"「顔色が青白い、悪い」という意味でしょう。柿の実が橙色に色づくのは、秋の好天に恵まれたとき、つまり空が真っ青に晴れ上がったときに限られる。でもそうなると風邪をひく人が少なくなり、医者は稼ぎがなくなる、というわけです。その上、熱さましには甘柿が効くと言われているそうです。

　冬になると山梨県の親戚から干し柿が送られてきます。清親の絵を見るといつもそのことが思い出されて、楽しみな気持ちになります。

Wortschatz
10. jedesmal, wenn ... ～するたびに　11. fällt ... ein <ein|fallen 思い浮かぶ　12. das Sprichwort ことわざ　13. bleich 青白い　14. strahlend 光り輝く　15. die Erkältungskrankheit, -en 風邪　16. verdienen 稼ぐ　17. außerdem 加えて　18. die Verwandten 親類(複数)　19. darauf freue ich mich < sich auf et[4] freuen ～を楽しみにしている　20. betrachten 見る

Das Lied

Japaner singen gern. Das japanische Wort für Lied lautet[1] *uta*. Es bezeichnet[2] auch Gedichte[3]. Es gibt kaum eine Feier ohne Musik und Gesang[4]. Weltweit verbreitet[5] sind heute Karaoke-Bars. Dort wird die Musik zu bekannten Liedern aus Maschinen abgespielt[6]. Dazu singen die Gäste den Text.

Wortschatz

1.lauten 〜という言葉である 2.bezeichnen 表す 3.das Gedicht, -e 詩 4.der Gesang 歌うこと 5.verbreitet 広まった 6.wird ... abgespielt (< ab|spielen) 演奏される

歌

日本人は歌うのが好きです。"Lied"にあたる日本語は「うた」ですが、「うた」は詩のことも指しています。お祝い事や宴会には、まず音楽や歌が付き物と言っていいでしょう。機械が有名な歌の伴奏音楽を演奏し、それに合わせて客が歌詞を歌うカラオケバーは、いまや世界中に広まっています。

Das Lied | 歌

Wenn die Engel singen

Im Dezember hört man in japanischen Geschäften überall[1] Weihnachtsmusik. Die meisten Lieder kennt man auch in Deutschland sehr gut: „White Christmas", „Jingle Bells" oder Mendelssohns „Hark! The Herald Angels Sing"[2] stammen aus der englischsprachigen Tradition. „O Tannenbaum" und „Stille Nacht" kommen natürlich aus Deutschland, aber es gibt dafür auch japanische Texte. Die meisten Japaner können sie singen.

Als 1941 ein damals berühmter deutscher Familienroman in Japan verfilmt wurde[3], hatte der Regisseur[4] ein Problem. Im deutschen Buch spielte die Weihnachtsfeier eine große Rolle. Die Kinder bekamen[5] viele Geschenke und sangen mit ihren Eltern Weihnachtslieder.

天使たちの歌声響くとき

　12月になると、日本ではあちこちの店でクリスマスソングを耳にするようになります。そのほとんどは、ドイツでもよく知られている「ホワイトクリスマス」、「ジングルベル」あるいはメンデルスゾーン作曲の「天には栄え」など、英語圏の伝統的クリスマスソングに由来する歌です。「もみの木」「きよしこの夜」はもちろんドイツの歌ですが、日本語の歌詞もあり、日本人はだいたい誰でもこれらの曲を歌うことができます。

　1941年のこと、当時よく知られていた、家族をテーマにしたドイツの小説*が日本で映画化されることになったとき、監督はある問題にぶつかりました。ドイツ語の原作では、クリスマスのお祝いが重要な役割を果たしており、子どもたちはたくさんの贈り物をもらい、両親と一緒にクリスマスの歌を歌うのです。

* Agnes Sapper 作 „Die Familie Pfäffing" シリーズ

Wortschatz
1. überall 至る所で　2. „Hark! The Herald Angels Sing" メンデルスゾーンの曲にイギリス人ウェズリーが作詞し、賛美歌98番として知られる　3. verfilmt wurde (< verfilmen) 映画化された　4. der Regisseur 監督　5. bekamen (< bekommen) もらった

Das Lied | 歌

In Japan tat das damals kaum jemand[6]. Deshalb machte der Regisseur aus dem Weihnachtsfest einfach eine Neujahrsfeier. Aber die japanischen Zuschauer[7] fanden[8] dies komisch. Es ist nicht üblich[9], dass die Kinder zu Neujahr mit Geschenken überhäuft werden[10]. Der japanische Film hieß „Die Familie der Liebe (*Ai no ikka*)". In deutschen Familien gehörte gemeinsames Singen[11] damals zum Familienleben – besonders zu Weihnachten, dem „Fest der Liebe". Das ist heute leider oft anders. Aber in Japan gibt es jetzt viele Familien, die sowohl Weihnachten als auch[12] Neujahr feiern. Hoffentlich singen sie dabei auch recht viel. Denn Singen stiftet[13] Gemeinschaft[14].

ところが当時の日本ではそうしたクリスマスのお祝いをする人は、ほとんどいませんでした。そこで監督はクリスマスのお祝いの場面を、そのままお正月のお祝いに置き換えたのですが、これを見た日本の観客は首をかしげました。お正月に子どもが山ほど贈り物をもらうといったことは普通ないからです。この日本映画の題名は『愛の一家』でした。ドイツの家庭では当時、家族が一緒に歌うことがごく当たり前のことでした——特に「慈愛の祝祭」であるクリスマスには。今日では残念なことに、そうでない家庭も多いようです。一方、日本では今やお正月ばかりでなくクリスマスもお祝いする家庭が多くなりました。そうした機会にはぜひ存分に歌っていただきたいものです。歌声には人々を一つにする力があるのですから。

Wortschatz
6. tat ... kaum jemand ほとんど誰もしなかった 7. der Zuschauer, - 観客 8. fanden (< finden) 思った 9. üblich 一般的である 10. mit et^3 überhäuft werden ～をどっさり与えられる 11. gemeinsames Singen 共に歌うこと 12. sowohl ... als auch ... ～も～も 13. stiften もたらす 14. die Gemeinschaft 連帯感

Reiskuchen

Reiskuchen[1] sind eine japanische Speise[2], die aus Klebreis[3] hergestellt wird[4]. Sie gehören unbedingt zu[5] einer traditionellen Neujahrsfeier. Man serviert sie in einer warmen Suppe (*zōni*) oder einer Soße aus roten Bohnen (*shiruko*). Runde Reiskuchen, die aufeinander gestapelt werden[6], dienen als[7] Opfergabe[8] auf dem Hausaltar oder auf dem Altar[9] eines *shinto*-Schreines.

Wortschatz

1.der Reiskuchen,- 餅 2.die Speise 食べ物 3.der Klebreis 餅米 4.hergestellt wird(< herstellen) 作られる 5.zu et³ gehören ～に欠かせない 6.aufeinander gestapelt werden 積み重ねられる 7.dienen als ... ～に用いられる 8.die Opfergabe 供え物 9.der Altar 祭壇

お餅

餅は餅米から作られる日本の食べ物です。餅は伝統的な正月のお祝いには欠かすことのできないもので、温かい汁に入れて雑煮にしたり、小豆の汁に入れて汁粉にしたりして振るまいます。丸餅を重ねた鏡餅は、供物として家庭の神棚や神社の祭壇に供えられます。

Reiskuchen | お餅

Warum ich unbedingt
Reiskuchen probieren wollte

Es gibt einen japanischen Film über den Zweiten Weltkrieg, der auch in Deutschland sehr berühmt[1] ist. Er heißt auf Deutsch „Barfuß[2] durch die Hölle[3]" (*Ningen no jōken*) und wurde mehrmals im deutschen Fernsehen ausgestrahlt[4]. Der Hauptdarsteller[5] ist Nakadai Tatsuya, der später in den Filmen von Kurosawa Akira wichtige Rollen gespielt hat.

Ich habe diesen Film als Jugendlicher[6] zuerst gesehen. In einer Szene sitzen Soldaten[7] auf dem Schlachtfeld[8] und essen. In der deutschen Fassung[9] wird erklärt, sie äßen[10] „Reiskuchen". Damals wusste ich noch nichts über Japan. Aber das rätselhafte[11] Wort „Reiskuchen" hat mich begeistert[12]. Das wollte ich unbedingt einmal probieren.

私がどうしても餅を食べてみたいと思ったわけ

　第二次世界大戦をテーマにした日本映画で、ドイツでもとても有名な映画があります。この映画(『人間の條件』)はドイツ語のタイトルを『裸足で地獄を彷徨(さまよ)う』といい、ドイツのテレビで何度か放送されました。主演は後に黒澤明の映画の中で重要な役を演じることになる仲代達矢です。

　私はこの映画を十代後半のころに初めて見ました。その中のあるシーンで、戦場の兵隊たちが座って何かを食べていたのですが、ドイツ語版ではそれは「米ケーキ(Reiskuchen＝餅)」だと説明されていました。そのころ、私は日本についてまだ何も知りませんでした。しかし、その「米ケーキ」という謎めいた言葉にすっかり心を奪われてしまい、なんとか一度それを食べてみたいと思ったのです。

Wortschatz
1.berühmt 有名な　2.der Barfuß 裸足の　3.die Hölle 地獄
4.wurde ... ausgestrahlt (<aus|strahlen) 放送された　5.der Hauptdarsteller 主役　6.Jugendlicher 青少年　7.der Soldat, -en 兵士　8.das Schlachtfeld 戦場　9.die Fassung 版
10.äßen (<essen) 食べたという　11.rätselhaft 謎めいた
12.begeistern 引きつける

Reiskuchen | お餅

Später habe ich bemerkt, dass die deutsche Übersetzung[13] wohl falsch war. Es ging um Reisbällchen (*o-nigiri*), die etwas ganz anderes sind. Reiskuchen isst man nicht auf dem Schlachtfeld, sondern bei Feiern: besonders zu Neujahr.

„Reiskuchen kauft man beim Reiskuchenhändler[14]", sagen Japaner und meinen damit: Am besten gerät das, was man einen Fachmann[15] machen lässt. Aber auf dem Land treffen sich zu Neujahr immer noch die Familien. Dann wird Klebreis in einen Mörser[16] gefüllt, und alle, die mögen, dürfen dabei helfen, ihn zu zerstampfen[17]. Das macht Spaß, aber vor allem schmeckt frischer Reiskuchen, den man im Kreis der Familie formt und genießt, am besten. Kein Reiskuchenhändler kann eine Familie ersetzen[18].

後で気がついたのですが、そのドイツ語訳はどうやら誤訳だったようです。兵隊たちが食べていたのは、全く別物の「おにぎり(Reisbällchen)」でした。餅は戦場では食べません。餅を食べるのはお祝い事のとき、特にお正月です。

　日本人は、「何事も専門家に任せるのがいちばん」という意味で「餅は餅屋」と言いますね。でも田舎ではお正月になると今も家族や親戚が集まり、臼に餅米を入れ、誰でもやりたい人に餅つきを手伝わせてくれます。こういう餅つきは楽しいし、何より家族と一緒に丸めて食べる搗きたての餅は最高においしい。家族で搗く餅は、餅屋の餅にも代え難いものです。

Wortschatz

13.die Übersetzung 訳　14.der Reiskuchenhändler 餅屋
15.der Fachmann 専門家　16.der Mörser 臼　17.zerstampfen 搗く　18.ersetzen 置き換える

Das Geschäftsjahr

Das japanische Fiskaljahr[1] beginnt am 1. April und endet am 31. März. Es ist also nicht mit dem Kalenderjahr[2] identisch[3]. Auch in anderen Bereichen[4] von Wirtschaft und Gesellschaft[5] gibt es eigene Geschäftsjahre[6]. Das ist manchmal verwirrend[7] und oft anders als in Deutschland.

Wortschatz

1.das Fiskaljahr 会計年度 2.das Kalenderjahr 暦上の年 3.mit et³ identisch, sein ～と一致している 4.der Bereich, -e 分野 5.die Gesellschaft 社会 6.das Geschäftsjahr, -e 業務年度 7.verwirrend 混乱させる

年度

日本の会計年度は4月1日に始まり、3月31日に終わります。つまり暦年とは一致していません。経済や社会のその他の分野にも独自の年度があります。これは時々混乱のもとになります。そしてドイツの年度とも異なっていることが多いのです。

Das Geschäftsjahr | 年度

Zeit ist relativ

Ende Dezember schrieb mir ein Mitarbeiter[1], dass uns ein japanischer Professor „noch dieses Jahr" besuchen wolle[2]. Es sei also eilig[3]. Ich las[4] den japanischen Brief und bemerkte[5] gleich seinen Irrtum[6]: Der Professor wollte „noch in diesem Geschäftsjahr" kommen. Und das endet für die japanischen Universitäten erst[7] Ende März.
Auch das japanische Fiskaljahr endet im März. So war es bis 1961 auch in Deutschland. Dann wurde es auf das Kalenderjahr umgestellt[8]. Auch das Schuljahr[9] und das Studienjahr begannen in Deutschland früher wie in Japan im April, genau gesagt[10]: zu Ostern. Heute rechnet[11] man in Deutschland aber ganz anders als in Japan.

時間は相対的なもの

　12月末のある日、大学の助手から私のところに、ある日本人の教授が「年内にも」いらっしゃりたいそうですとのメールが入りました。つまりかなり急を要する話だというのです。私は日本語の手紙を読んで、すぐに助手の勘違いに気が付きました。日本人の教授は「今年度中」の訪問を希望していたのでした。「今年度」が終わるのは、日本の大学の場合、3月末になってからです。

　日本の会計年度も3月に終わります。1961年まではドイツでもそうでした。その後、会計年度は暦年に合わせて変更されました。学校や大学の年度も、ドイツでは以前日本と同じ4月に——正確に言うと、復活祭をもって——始まっていたのです。しかしこんにちではドイツの学年は日本とは全く違っています。

Wortschatz
1.der Mitarbeiter 職員　2.wolle 〜したいということだ（wollen の接続法第Ⅰ式）　3.eilig 急いでいる　4.las (<lesen) 読んだ　5.bemerken 〜に気づく　6.der Irrtum 思い違い　7.erst 〜になってようやく　8.wurde es auf ... umgestellt 〜に切り替えられた　9.das Schuljahr 学校年度　10.genau gesagt 正確に言うと　11.rechnen 数える

Das Geschäftsjahr | 年度

Doch auch in Japan gibt es verschiedene[12] Geschäftsjahre. Für Rohseide[13] beginnt es im Juni, für Süßkartoffeln im September, für Zucker und Soja im Oktober und für Reis im November!

Vor der Übernahme[14] des westlichen Kalenders[15] 1873 begann das japanische Geschäftsjahr am 1. Tag des 1. Monats des Mondkalenders. Mit der Modernisierung[16] änderte sich[17] dies. Die Meiji-Regierung[18] rechnete zuerst ab dem 10. Monat, dann ab dem 1., später ab dem 7. Monat. Erst seit 1884 beginnt das Fiskaljahr am 1. April – um sich dem damaligen[19] Europa anzupassen[20]. Doch heute rechnet man in Europa wieder ganz anders ...

また、日本国内でも年度には幾つかの異なる種類があり、生糸年度は6月に、いも年度は9月に、砂糖年度と大豆年度は10月に、そして米穀年度は11月に始まります。

　1873年に西暦が採用される以前、日本の年度初めは陰暦1月1日でしたが、近代化に伴い変わりました。明治政府は当初10月1日を年度初めにしましたが、その後1月に、しばらくして7月に変更しました。ようやく1884年になって会計年度は4月1日開始となりましたが、これは当時のヨーロッパに合わせるためでした。それなのに今ではまた、ヨーロッパの年度の方がまったく変わってしまったのです…。

Wortschatz

12.verschieden さまざまな　13.die Rohseide 生糸　14.die Übernahme 導入　15.der westliche Kalender 西洋の暦　16.die Modernisierung 近代化　17.sich ändern 変わる　18.die Regierung 政府　19.damalig 当時の　20.um sich ... anzupassen 〜に合わせるために

Reinhard Zöllner
ラインハルト・ツェルナー

ボン大学教授。
1961 年南アフリカ共和国ブルームフォンテーン市生まれ。ドイツ・キール大学人文社会学部にて歴史学、ラテン語、ハンブルク大学にて日本学を専攻。柔道とアニメに魅せられ、1983 年に上智大学へ留学したのを皮切りに、山梨大学、東京大学、早稲田大学で研究のための滞日経験を重ねる。現在も、年に数回, 数週間ずつ研究・観光のために来日。特に気に入ったところは、鎌倉、山梨、木曾谷、秋葉原、東京大学の赤門…。行ったことのない地域は四国(招待してくれる人・団体募集中！)。
柔道は黒帯。3 児の父。
著書に "Japanische Zeitrechnung（日本の暦）" 2003 年 Iudicium、"Geschichte Japans：Von1800bis zur Gegenwart（日本近現代史 1800 年から今日まで）" 2006 年 UTB、"Japan. Fukushima. Und wir." 2011 年 Iudicium "Geschichte der japanisch-koreanischen Beziehungen：Von den Anfängen bis zur Gegenwart（日韓関係通史）" 2017 年 iudicium（以上ドイツにて刊行）。『東アジアの歴史　その構築』(2009 年植原久美子訳・明石書店) 等。

翻訳　植原久美子
語注作成　榊 直子
ブックデザイン　白畠かおり
表紙イラスト　佐々木一澄
校正　瀧澤貴美、円水社

写真協力
*
Aflo P.37,91
Alexander Kazhdan-Fotolia.com P.55
diedzura-Fotolia.com P.25
fumie-Fotolia.com P.121
jreika-Fotolia.com P.103
Paylessimages-Fotolia.com P.49,61,97
PIXTA P.7,13,19,31,43,67,73,79,85,109
Tsuboya-Fotolia.com P.115

ドイツ語エッセイ
Mein liebes Japan!

2013(平成25)年 5 月 20 日　第 1 刷発行
2017(平成29)年 12 月 30 日　第 3 刷発行

著　者	Reinhard Zöllner
	©2013　Reinhard Zöllner
発行者	森永公紀
発行所	NHK出版
	〒150-8081　東京都渋谷区宇田川町41-1
	TEL：0570-002-045（編集）
	TEL：0570-000-321（注文）
	ホームページ　http://www.nhk-book.co.jp
	振替 00110-1-49701
印刷・製本	光邦

落丁・乱丁本はお取り替えいたします。
定価はカバーに表示してあります。

®＜日本複写権センター委託出版物＞
本書の無断複写（コピー）は、著作権法上の例外を除き、
著作権侵害となります。

Printed in Japan
ISBN 978-4-14-035116-1 C0084

＊本書は、NHKテレビ「テレビでドイツ語」2011年4月号〜2013年3月号のテキストに連載したエッセイより抜粋したものに加筆修正し、さらに書下ろしエッセイを加えて編集したものです。